Ce livre a été spécialement conçu pour les jeunes chrétiens de 9 à 13 ans.

Il sera le cadeau idéal pour les enfants. Il inspirera les jeunes et les aidera à approfondir leur foi tout en colorant de magnifiques et adorables dessins.

Alors, à tes crayons de couleur et prépare-toi à passer un peu de temps avec le Seigneur !

La Bible fournit plusieurs clés sur la façon dont nous devons élever nos enfants afin qu'ils grandissent selon le plan de Dieu. Chérissons-les car ils sont « l'héritage que l'Éternel donne les enfants sont une récompense » (Psaumes 127:3).

Proverbes 22 : 6

6 Instruis l'enfant selon la voie qu'il doit suivre; Et quand il sera vieux, il ne s'en détournera pas.

Nom : ______________________

Année ______________________

Proverbes 22 : 6

6 Instruis l'enfant selon la voie qu'il doit suivre; Et quand il sera vieux, il ne s'en détournera pas.

Colossiens 3 : 23

23 Tout ce que vous faites, faites-le de bon coeur, comme pour le Seigneur et non pour des hommes,

Ephésiens 6 : 4

4 Et vous, pères, n'irritez pas vos enfants, mais élevez-les en les corrigeant et en les instruisant selon le Seigneur.

Ephésiens 6 : 4

4 Et vous, pères, n'irritez pas vos enfants, mais élevez-les en les corrigeant et en les instruisant selon le Seigneur.

Ephésiens 6 : 4

4 Et vous, pères, n'irritez pas vos enfants, mais élevez-les en les corrigeant et en les instruisant selon le Seigneur.

Esaïe 41:10

Ne crains rien, car je suis avec toi ; Ne promène pas des regards inquiets, car je suis ton Dieu ; Je te fortifie, je viens à ton secours, Je te soutiens de ma droite triomphante

Jean 14:27

Je vous laisse la paix, je vous donne ma paix. Je ne vous donne pas comme le monde donne. Que votre cœur ne se trouble point, et ne s'alarme point

Marc10:24 Les disciples furent étonnés de ce que Jésus parlait ainsi. Et, reprenant, il leur dit: Mes enfants, qu'il est difficile à ceux qui se confient dans les richesses d'entrer dans le royaume de Dieu!

Et Jésus les appela, et dit: Laissez venir à moi les petits enfants, et ne les en empêchez pas; car le royaume de Dieu est pour ceux qui leur ressemblent. Luc 18:16

Proverbes 15 : 1

1 Une réponse douce calme la fureur, Mais une parole dure excite la colère.

Colossiens 3 : 21

21 Pères, n'irritez pas vos enfants, de peur qu'ils ne se découragent.

Colossiens 3 : 21

21 Pères, n'irritez pas vos enfants, de peur qu'ils ne se découragent.

Proverbes 14 : 23

23 Tout travail procure l'abondance, Mais les paroles en l'air ne mènent qu'à la disette.

Actes 20 : 35

35 Je vous ai montré de toutes manières que c'est en travaillant ainsi qu'il faut soutenir les faibles, et se rappeler les paroles du Seigneur, qui a dit lui-même: Il y a plus de bonheur à donner qu'à recevoir.

Proverbes 20 : 13

13 N'aime pas le sommeil, de peur que tu ne deviennes pauvre; Ouvre les yeux, tu seras rassasié de pain.

1 Corinthiens 15 : 58 Ainsi, mes frères bien-aimés, soyez fermes, inébranlables, travaillant de mieux en mieux à l'oeuvre du Seigneur, sachant que votre travail ne sera pas vain dans le Seigneur.

1 Corinthiens 15 : 58 Ainsi, mes frères bien-aimés, soyez fermes, inébranlables, travaillant de mieux en mieux à l'oeuvre du Seigneur, sachant que votre travail ne sera pas vain dans le Seigneur.

Malachie 2 : 10

10 N'avons-nous pas tous un seul Père ? N'est-ce pas un seul Dieu qui nous a créés ? Pourquoi donc sommes-nous infidèles l'un envers l'autre, En profanant l'alliance de nos pères ?

Esaïe 64 : 8

8 Cependant, ô Eternel, tu es notre père; Nous sommes l'argile, et c'est toi qui nous as formés, Nous sommes tous l'ouvrage de tes mains.

Luc 6 : 35-36

35 Mais aimez vos ennemis, faites du bien, et prêtez sans rien espérer. Et votre récompense sera grande, et vous serez fils du Très-Haut, car il est bon pour les ingrats et pour les méchants. 36 Soyez donc miséricordieux, comme votre Père est miséricordieux.

Jean 11 : 25-26

25 Jésus lui dit : Je suis la résurrection et la vie. Celui qui croit en moi vivra, quand même il serait mort; 26 et quiconque vit et croit en moi ne mourra jamais. Crois-tu cela ?

Esaïe 25 : 8

8 Il anéantit la mort pour toujours; Le Seigneur, l'Eternel, essuie les larmes de tous les visages, Il fait disparaître de toute la terre l'opprobre de son peuple; Car l'Eternel a parlé.

Luc 3 : 11

11 Il leur répondit : Que celui qui a deux tuniques partage avec celui qui n'en a point, et que celui qui a de quoi manger agisse de même.

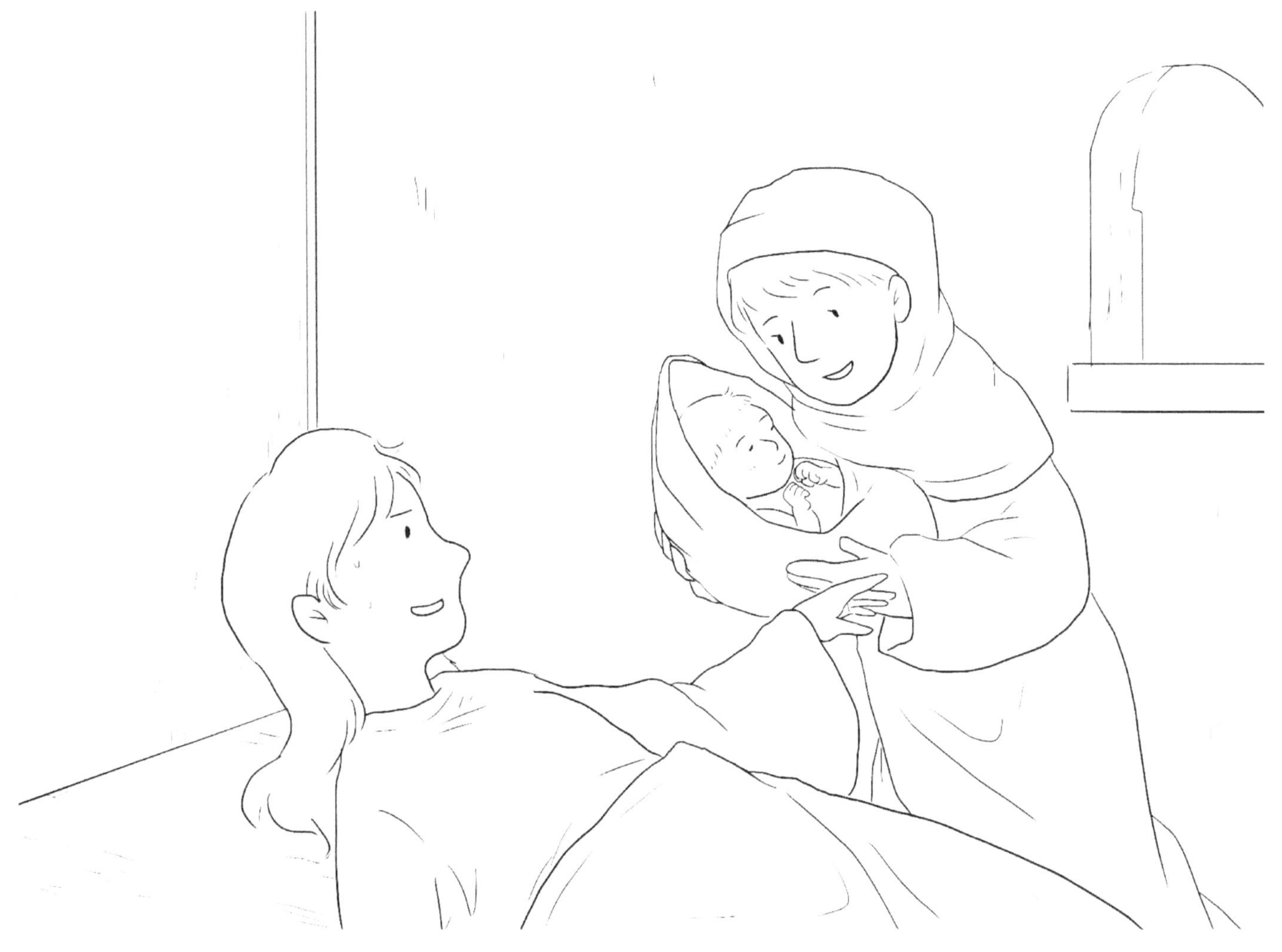

Romains 12 : 9

9 Que la charité soit sans hypocrisie. Ayez le mal en horreur; attachez-vous fortement au bien.

Proverbes 14 : 31

31 Opprimer le pauvre, c'est outrager celui qui l'a fait; Mais avoir pitié de l'indigent, c'est l'honorer.

Psaumes 82 : 3

Rendez justice au faible et à l'orphelin, faites droit au malheureux et au pauvre,

Actes 20 : 35

 Je vous ai montré de toutes manières que c'est en travaillant ainsi qu'il faut soutenir les faibles, et se rappeler les paroles du Seigneur, qui a dit lui-même: Il y a plus de bonheur à donner qu'à recevoir.

Matthieu 19 : 21

21 Jésus lui dit : Si tu veux être parfait, va, vends ce que tu possèdes, donne-le aux pauvres, et tu auras un trésor dans le ciel. Puis viens, et suis-moi.

Proverbes 3 : 13

13 Heureux l'homme qui a trouvé la sagesse, Et l'homme qui possède l'intelligence !

Proverbes 4 : 6-7

6 Ne l'abandonne pas, et elle te gardera; Aime-la, et elle te protégera. 7 Voici le commencement de la sagesse : Acquiers la sagesse, Et avec tout ce que tu possèdes acquiers l'intelligence.

16 Combien acquérir la sagesse vaut mieux que l'or ! Combien acquérir l'intelligence est préférable à l'argent !

Jacques 5 : 15

15 la prière de la foi sauvera le malade, et le Seigneur le relèvera; et s'il a commis des péchés, il lui sera pardonné.

Jacques 5 : 16

16 Confessez donc vos péchés les uns aux autres, et priez les uns pour les autres, afin que vous soyez guéris. La prière fervente du juste a une grande efficace.

2 Thessaloniciens 3 : 10

10 Car, lorsque nous étions chez vous, nous vous disions expressément : Si quelqu'un ne veut pas travailler, qu'il ne mange pas non plus.

Proverbes 22 : 29

29 Si tu vois un homme habile dans son ouvrage, Il se tient auprès des rois; Il ne se tient pas auprès des gens obscurs.

Proverbes 20 : 4

4 A cause du froid, le paresseux ne laboure pas; A la moisson, il voudrait récolter, mais il n'y a rien.

Jean 15 : 13

13 Il n'y a pas de plus grand amour que de donner sa vie pour ses amis.

1 Corinthiens 13 : 13

13 Maintenant donc ces trois choses demeurent : la foi,
l'espérance, la charité; mais la plus grande de ces choses, c'est
la charité.

20 Celui qui réfléchit sur les choses trouve le bonheur, Et celui qui se confie en l'Eternel est heureux.

Mes Notes

Mes Notes

Mes Notes

Mes Notes

DESSIN

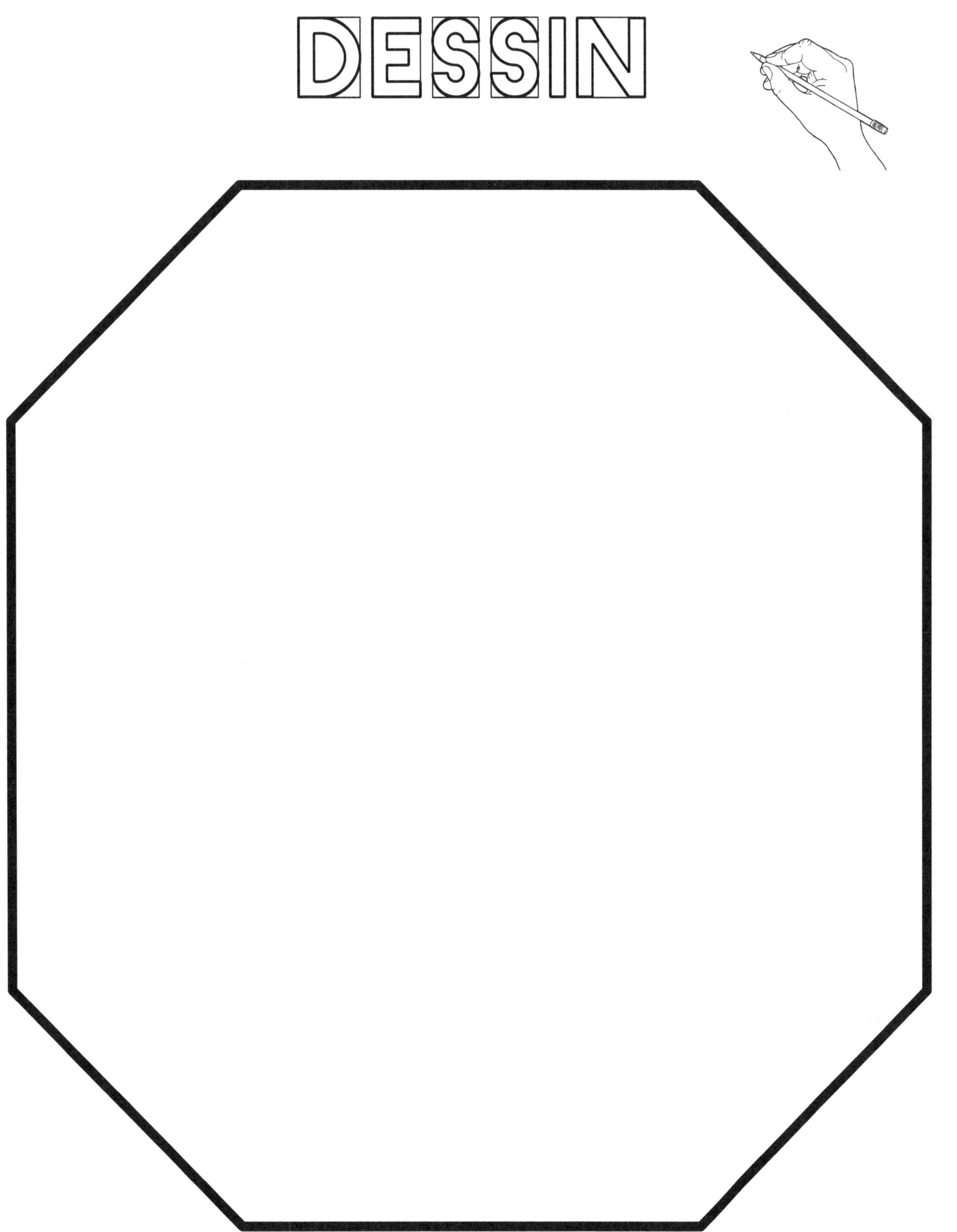

MAMAN

PAPA

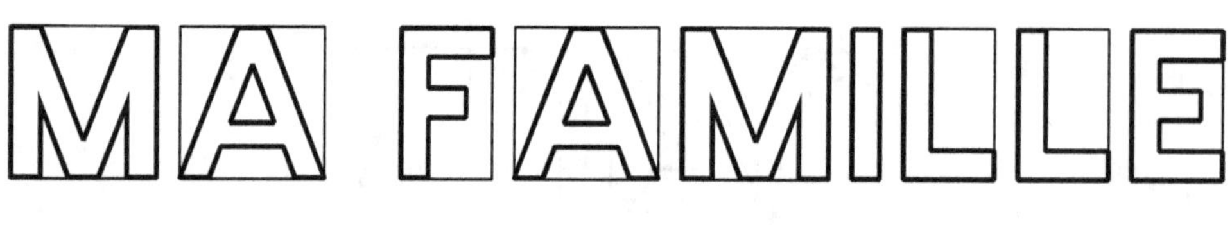

MA FAMILLE

MES PRIERES

MES PRIERES